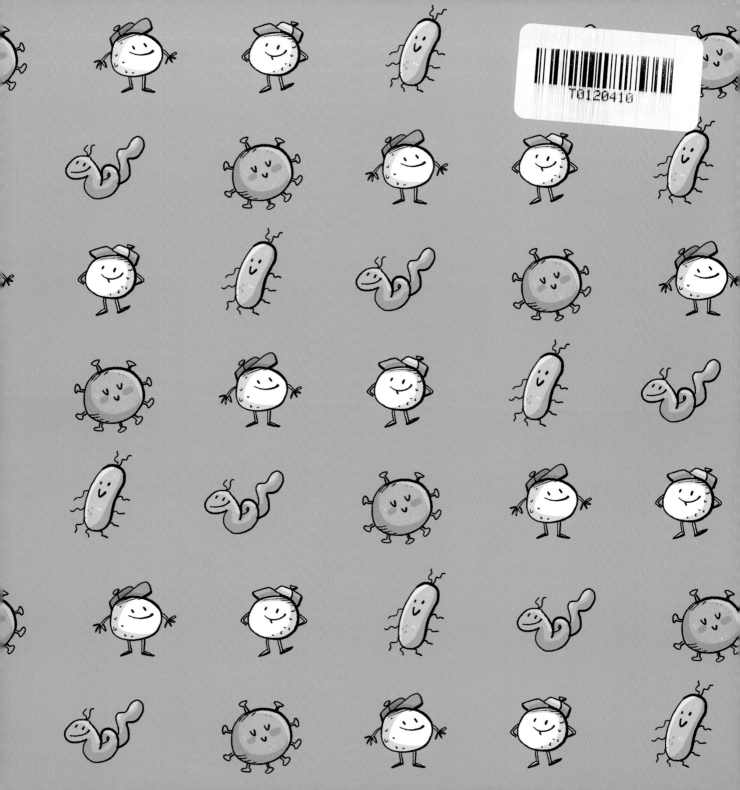

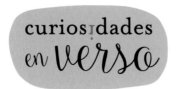

1.ª edición: abril 2021
2.ª edición: marzo 2024

© Del texto: Sagrario Pinto y M.ª Isabel Fuentes, 2021
© De la ilustración: Lucía Serrano, 2021
© Grupo Anaya, S. A., 2021
Valentín Beato, 21. 28037 Madrid
www.anayainfantilyjuvenil.com

ISBN: 978-84-698-8603-8
Depósito legal: M-3593-2021
Impreso en España - Printed in Spain

PAPEL DE FIBRA
CERTIFICADO

Sagrario Pinto · M.ª Isabel Fuentes

Cuida tu salud

Ilustraciones de Lucía Serrano

ANAYA

¡Hay que ver cómo se han puesto
las cosas de la salud!
Todos debemos cuidarnos.
¡Así que cuídate tú!

Más vale *prevenir*

La vida es maravillosa,
¡es lo mejor que tenemos!
Aquí van algunas pistas
para vivirla sin miedo.

La buena alimentación
te permite crecer sano.
Todo empieza por comer
un menú equilibrado.

Muchas frutas y verduras,
lentejas, arroz, garbanzos…
¡Y ojo con las grasas malas!
Y con los dulces… ¡cuidado!

El deporte te entretiene,
desarrolla cuerpo y mente,
mejora nuestras defensas…
y, además, ¡conoces gente!

Pasear al aire libre,
correr, saltar, patinar...
Hay mil formas de entrenarse.
¿A ti cuál te gusta más?

Como un lirón

Vas y vienes, investigas,
aprendes, haces deporte…
Consumes mucha energía,
pero ¿cuándo la repones?

Necesitas descansar,
y al dormir, te recuperas.
Tu cerebro te protege
y te cuida mientras sueñas.

Los virus son pequeñitos,
no los ves a simple vista,
pero pueden enfermarnos
y complicarnos la vida.

Para evitar que te ataquen,
actúa con precaución,
presta atención a las normas,
¡y cúmplelas, por favor!

Las diminutas bacterias
se encuentran por todas partes,
unas pueden hacer queso
y otras… que muy mal lo pases.

Muchas bacterias te ayudan,
cuidan tu piel, tu intestino…
Hay otras muy traicioneras
que dañan nuestro organismo.

Con tus manos juegas, bailas,
acaricias y te peinas.
Y con tus manos dibujas
el cielo, el mar, las estrellas…

También pueden esconderse
muchos virus en tus manos.
Lávatelas a menudo
con jabón… ¡y con cuidado!

Muestras tus dientes, sonríes
y se ilumina tu cara.
No dejes que tengan caries
y mantén la boca sana.

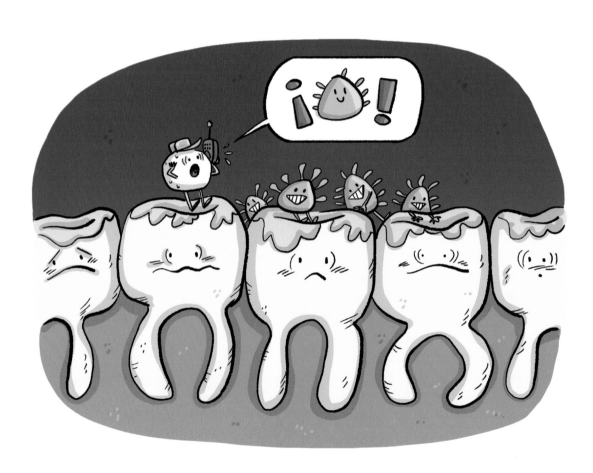

Cepíllate bien los dientes
siempre después de comer:
los de arriba, los de abajo,
delante y detrás también.

Nuestro cuerpo se defiende
contra las enfermedades.
Los pequeños leucocitos
son soldados singulares.

Las vacunas nos ayudan
a reforzar las defensas.
También la higiene, el deporte,
dormir y una buena dieta.

Para escapar de los virus,
la distancia has de guardar.
A metro y medio, o seis pasos,
no te podrán atrapar.

Y si llevas mascarilla
y limpias muy bien tus manos,
los virus, aunque lo intenten,
no podrán hacerte daño.

¡Un gran aplauso!

Médicos y sanitarios
te ayudan si estás enfermo.
Cuidan de ti con cariño,
con dedicación y esfuerzo.

Y los investigadores
no cesan de trabajar
para encontrar las vacunas
que evitan la enfermedad.

Juega con las palabras, desarrolla tu ingenio y tu creatividad a través de rimas sencillas con las que podrás divertirte mientras recuerdas algunos hábitos saludables.

- ¡Realiza este experimento! Con él podrás comprobar cómo al lavarnos las manos, los virus se van sin más:

1. Prepara un plato con agua
   e imagina que es tu cuerpo;
   si echas pimienta molida,
   lo verás de *virus* lleno.

2. Comprueba después qué pasa
   al introducir tu dedo:
   se te pegarán los *virus*,
   las motitas que había dentro.

3. Pero si el dedo lo metes
   con un poco de jabón,
   los *virus* saldrán huyendo
   con auténtico pavor.

● Para salir de un apuro, si no tienes mascarilla, puedes fabricarte una, de una manera sencilla.

1. Recorta un rectángulo
   de papel de horno
   que cubra tu cara…
   ¡Calcula un buen trozo!

2. Dóblalo en tiritas,
   ¡verás cómo mola!,
   y coge dos gomas
   y una grapadora.

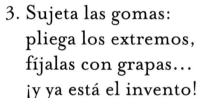

3. Sujeta las gomas:
   pliega los extremos,
   fíjalas con grapas…
   ¡y ya está el invento!

● Hay bacterias que hacen queso y también otro alimento, que está escrito en estos versos. ¿Lo sabrías encontrar? Busca en las primeras letras para poderlo lograr.

Yo soy un buen alimento.
O natural, o de frutas.
Gusto a grandes y pequeños.
Un postre con leche hecho.
Rico y muy sano, sin duda.

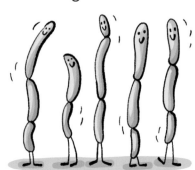